Erinnerungsbuch

FÜR

Mama und Baby

By : Alissia T. Press

Dieses Buch gehört zu:

Willkommen kleine Liebe

Die Geschichte meines Namens

Bedeutung: ....

Wer hat gewählt: ....

Grund: ....

Ich werde liebevoll genannt: ....

....

Das sind meine Eltern

Die Schwangerschaft meiner Mutter

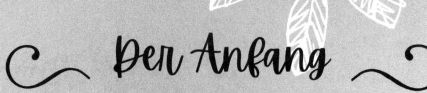

Der Anfang

Wie meine Mutter ihre Schwangerschaft entdeckte

....
....
....
....
....
....
....
....
....
....
....
....
....
....
....
....

Wie sie meinem Vater erzählte

....
....
....
....
....
....
....
....
....
....
....

Was ist mit dem Rest der Familie?

································· ·································

································· ·································

································· ·································

································· ·································

································· ·································

································· ·································

································· ·································

································· ·································

································· ·································

································· ·································

································· ·································

································· ·································

·································

·································

·································

Mein erstes Foto

Foto meines ersten Ultraschalls

Date ....

Gewicht .... gr ..... Höhe .... cm

Gefühle ....

....

....

Erster Monat

Phrase, die meinen Monat beschreibt

....

....

Symptome

....

....

Gefühle

....

....

Aversionen

....

....

....

....

....

Arzttermine

....

....

....

....

....

Besondere Momente

....

....

....

....

....

....

Mein Foto des Monats

zweiter Monat

Phrase, die meinen Monat beschreibt

....
....

Symptome

....
....

Gefühle

....
....

Aversionen

....
....
....
....
....

Arzttermine

....
....
....
....
....

Besondere Momente

....
....
....
....
....
....

Mein Foto des Monats

Dritter Monat

Phrase, die meinen Monat beschreibt

....

....

Symptome

....

....

Gefühle

....

....

Aversionen

....

....

....

....

....

....

Arzttermine

....

....

....

....

....

....

Besondere Momente

....

....

....

....

....

....

....

Hallo Ich bin's

Vierter Monat

Phrase, die meinen Monat beschreibt

....
....

Symptome

....
....

Gefühle

....
....

Aversionen

....
....
....
....
....

Arzttermine

....
....
....
....
....

Besondere Momente

....
....
....
....
....
....
....

Mein Foto des Monats

Fünfter Monat

Phrase, die meinen Monat beschreibt

....

....

Symptome

....

....

Gefühle

....

....

Aversionen

....

....

....

....

....

Arzttermine

....

....

....

....

Besondere Momente

....

....

....

....

....

....

Mein Foto des Monats

Sechster Monat

Phrase, die meinen Monat beschreibt

....

....

Symptome

....

....

Gefühle

....

....

Aversionen

....

....

....

....

....

....

Arzttermine

....

....

....

....

....

Besondere Momente

....

....

....

....

....

....

....

Mein Foto des Monats

Siebter Monat

Phrase, die meinen Monat beschreibt

....

....

Symptome

....

....

Gefühle

....

....

Aversionen

....

....

....

....

....

Arzttermine

....

....

....

....

....

Besondere Momente

....

....

....

....

....

....

....

....

Mein Foto des Monats

Achter Monat

Phrase, die meinen Monat beschreibt

....

....

Symptome

....

....

Aversionen

....

....

....

....

....

Gefühle

....

....

Arzttermine

....

....

....

....

....

Besondere Momente

....

....

....

....

....

....

Mein Foto des Monats

Neuntes Monat

Phrase, die meinen Monat beschreibt

....

....

Symptome

....

....

Gefühle

....

....

Aversionen

....

....

....

....

....

....

Arzttermine

....

....

....

....

....

....

Besondere Momente

....

....

....

....

....

....

Mein Foto des Monats

Fotos:

Die geschichte meiner geburt

....

....

....

....

....

....

....

....

....

....

....

....

....

....

....

Fotos

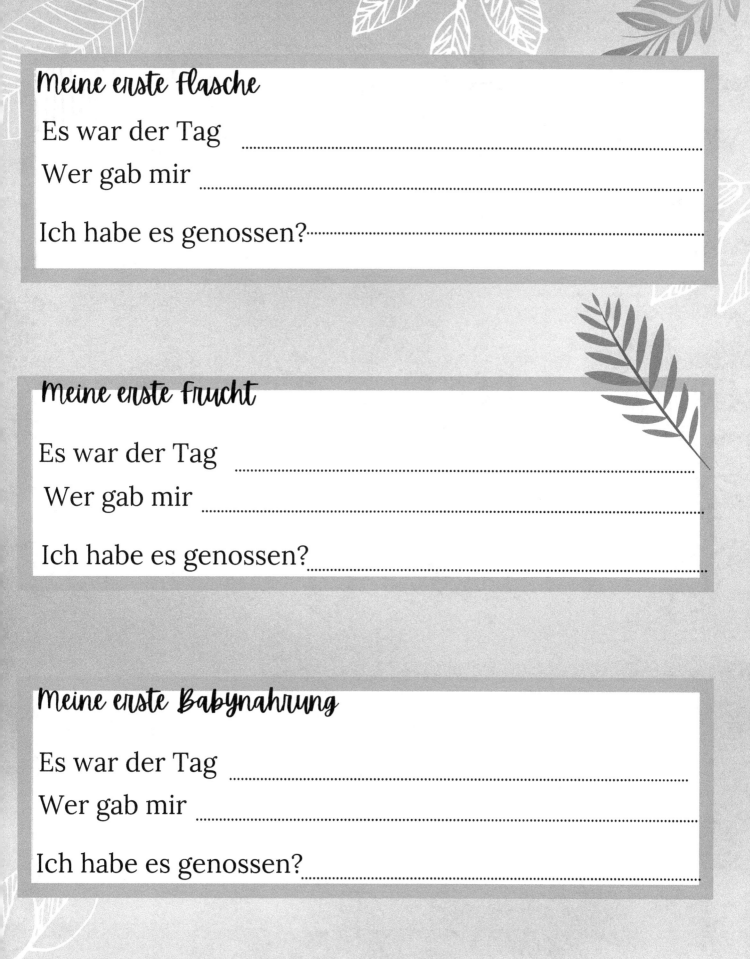

Meine erste Flasche

Es war der Tag ....

Wer gab mir ....

Ich habe es genossen? ....

Meine erste Frucht

Es war der Tag ....

Wer gab mir ....

Ich habe es genossen? ....

Meine erste Babynahrung

Es war der Tag ....

Wer gab mir ....

Ich habe es genossen? ....

Fotos

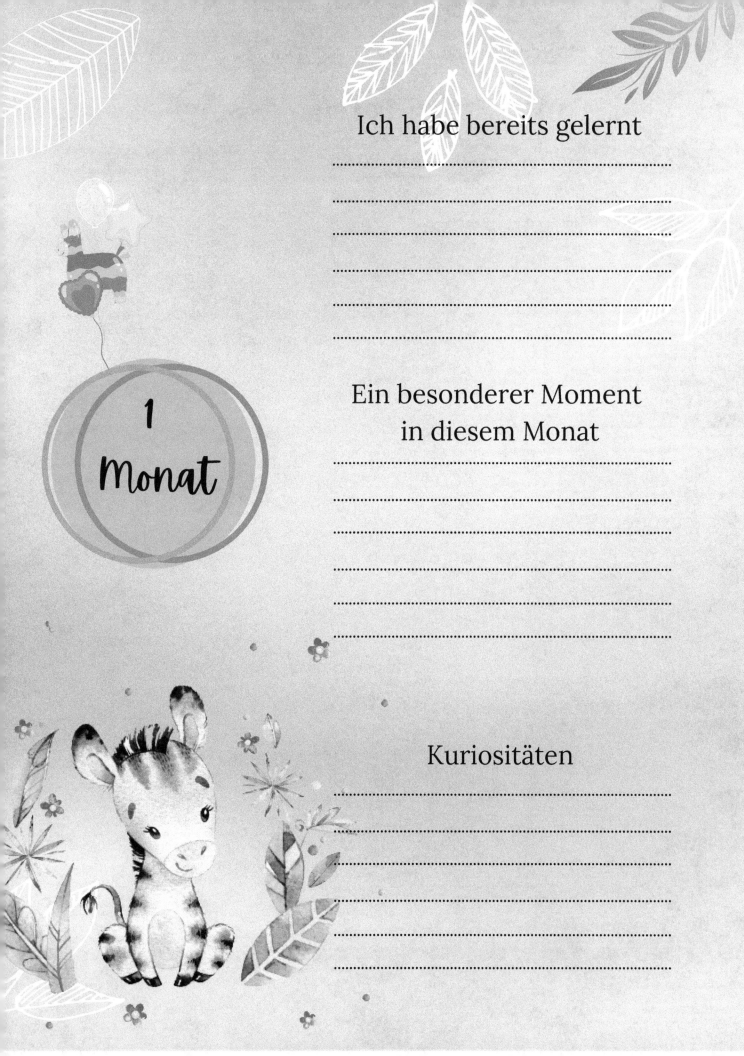

1 Monat

Ich habe bereits gelernt

....
....
....
....
....

Ein besonderer Moment
in diesem Monat

....
....
....
....
....
....

Kuriositäten

....
....
....
....
....

Fotos

2 Monat

Ich habe bereits gelernt

....
....
....
....
....
....

Ein besonderer Moment in diesem Monat

....
....
....
....
....
....

Kuriositäten

....
....
....
....
....

Fotos

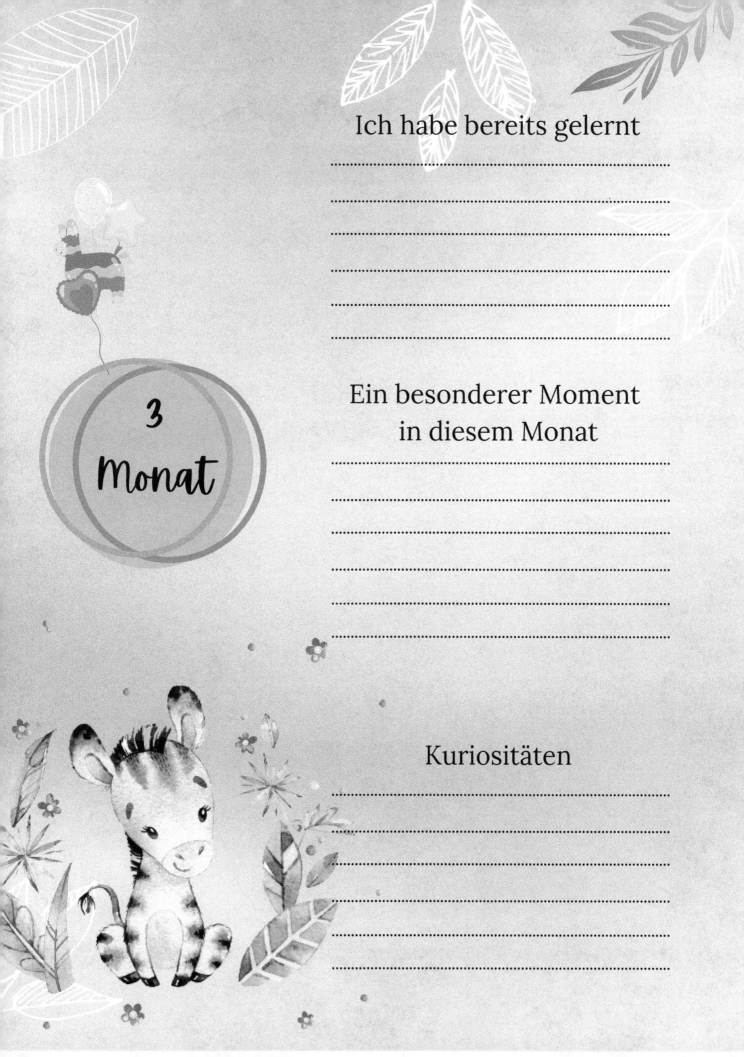

3 Monat

Ich habe bereits gelernt

....
....
....
....
....

Ein besonderer Moment in diesem Monat

....
....
....
....
....
....

Kuriositäten

....
....
....
....
....

Fotos

4 Monat

Ich habe bereits gelernt

....
....
....
....
....
....

Ein besonderer Moment
in diesem Monat

....
....
....
....
....
....

Kuriositäten

....
....
....
....
....

Fotos

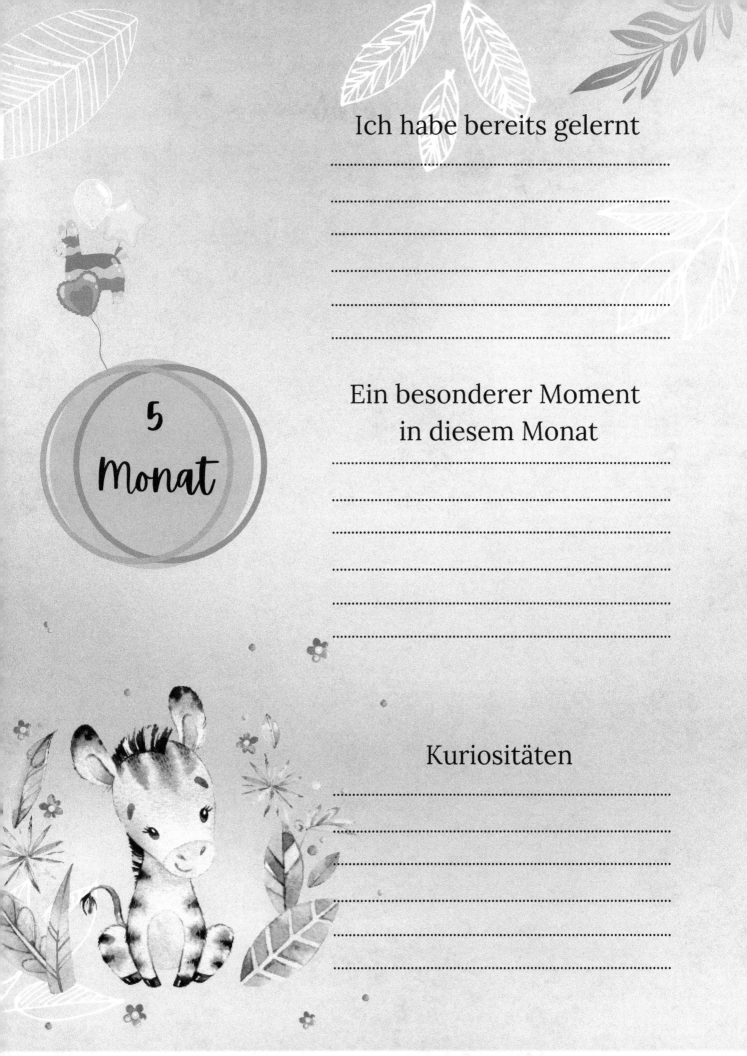

Ich habe bereits gelernt

....
....
....
....
....

Ein besonderer Moment in diesem Monat

....
....
....
....
....
....

5 Monat

Kuriositäten

....
....
....
....
....

Fotos

6 Monat

Ich habe bereits gelernt

....
....
....
....
....
....

Ein besonderer Moment
in diesem Monat

....
....
....
....
....
....

Kuriositäten

....
....
....
....
....
....

Fotos

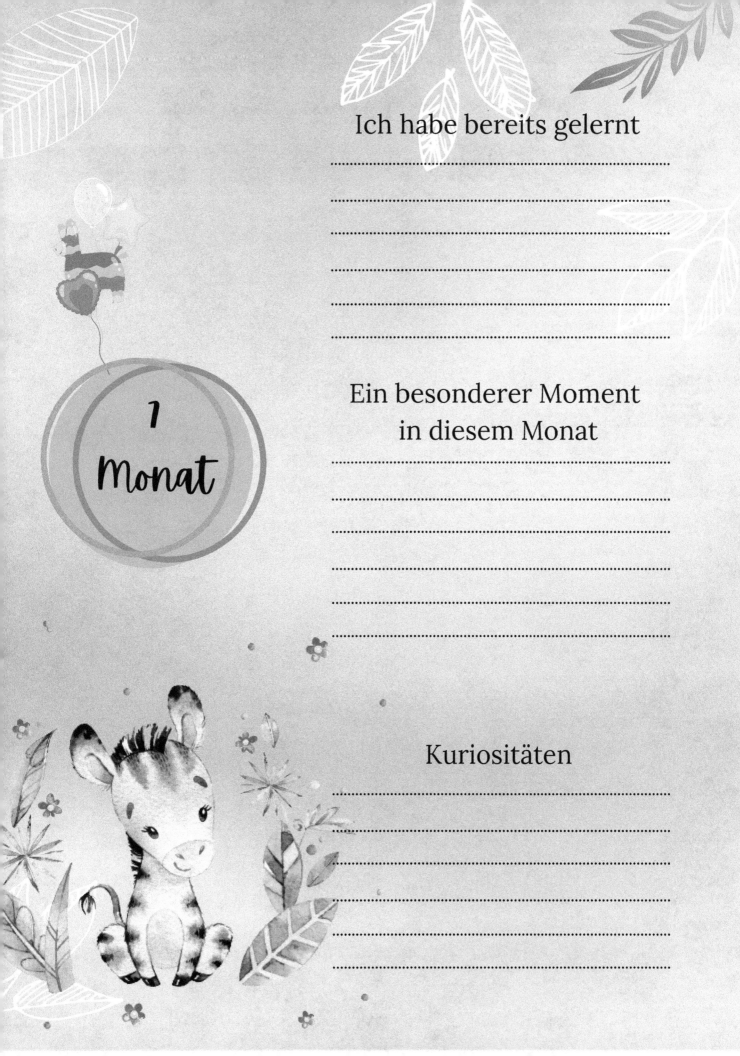

Ich habe bereits gelernt

....
....
....
....
....

1 Monat

Ein besonderer Moment in diesem Monat

....
....
....
....
....
....

Kuriositäten

....
....
....
....
....

Fotos

8

Monat

Ich habe bereits gelernt

....

....

....

....

....

....

Ein besonderer Moment in diesem Monat

....

....

....

....

....

....

Kuriositäten

....

....

....

....

....

Fotos

9 Monat

Ich habe bereits gelernt

....
....
....
....
....
....

Ein besonderer Moment in diesem Monat

....
....
....
....
....
....

Kuriositäten

....
....
....
....
....

Fotos

10 Monat

Ich habe bereits gelernt

....

....

....

....

....

....

Ein besonderer Moment
in diesem Monat

....

....

....

....

....

....

Kuriositäten

....

....

....

....

....

Fotos

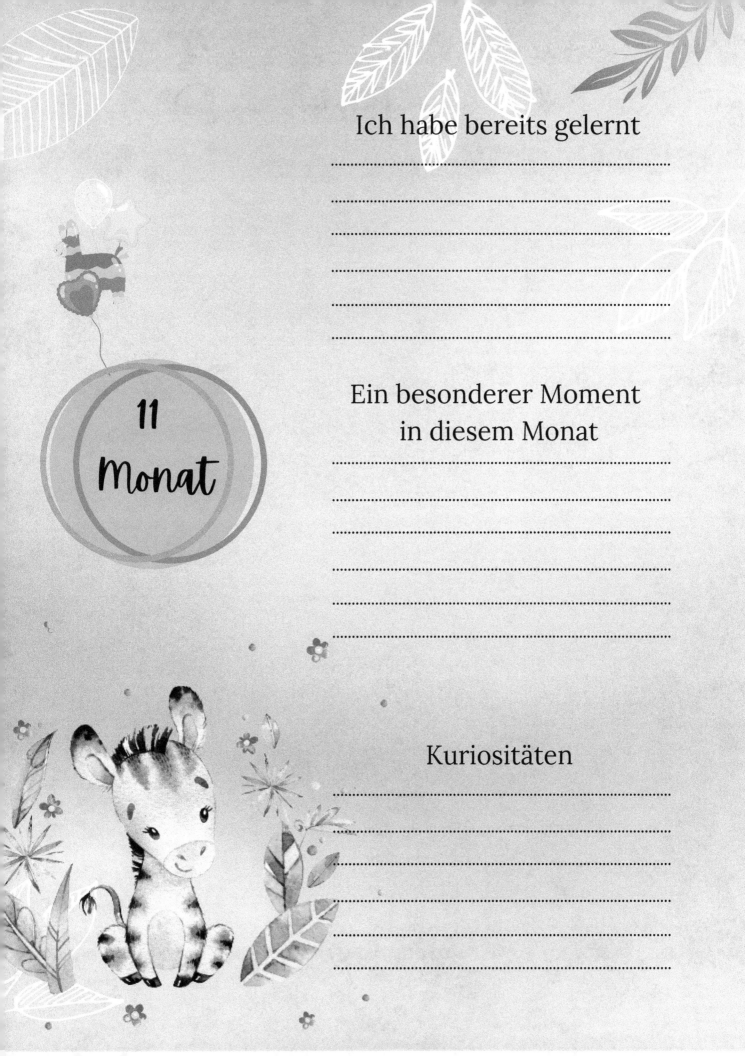

11 Monat

Ich habe bereits gelernt

....
....
....
....
....

Ein besonderer Moment
in diesem Monat

....
....
....
....
....

Kuriositäten

....
....
....
....

Fotos

1 Jahr

Ich habe bereits gelernt

....
....
....
....
....
....

Ein besonderer Moment
in diesem Monat

....
....
....
....
....
....

Kuriositäten

....
....
....
....
....

Fotos

Fotos

Ich bin so witzig...

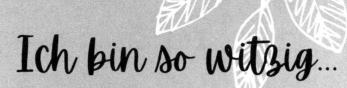

....
....
....
....
....
....
....
....
....
....
....

                              ....
                              ....
                              ....
                              ....
                              ....
                              ....
                              ....
                              ....
                              ....
                              ....
                              ....

Ich bin so witzig...

Ich bin so witzig...

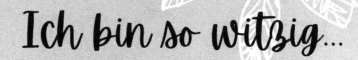

....
....
....
....
....
....
....
....
....
....
....

....
....
....
....
....
....
....
....
....
....

Ich bin so witzig...

Ich bin so witzig...

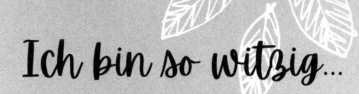

....

....

....

....

....

....

....

....

....

....

....

....

                    ....

                    ....

                    ....

                    ....

                    ....

                    ....

                    ....

                    ....

Ich bin so witzig...

Ich bin so witzig...

Ich bin so witzig...

Ich bin so witzig...

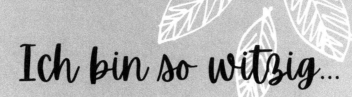

....

....

....

....

....

....

....

....

....

....

....

....

....

....

....

....

....

....

....

....

....

....

Ich bin so witzig...

CPSIA information can be obtained
at www.ICGtesting.com
Printed in the USA
BVHW011650210621
610124BV00013B/2761